Meine Katze heißt Herr Schmidt

Eine Versgeschichte
von Peter Ensikat
mit Bildern
von Regine Röder

Der Kinderbuchverlag Berlin

Meine Katze heißt Herr Schmidt,
denn sie ist ein Kater.
Ihre Mutter ist Frau Schmidt.
Keiner kennt den Vater.

Als ich den Herrn Schmidt bekam,
war er sieben Wochen.
Ich war damals schon ein Jahr
und bin noch gekrochen.

Schmidtchen sprang schon
wild herum,
spielte und miaute.
Nahm er mir mein Spielzeug weg,
saß ich da und schaute.

Als ich noch im Wagen saß,
saß er schon auf Bäumen.
Davon, was mein Kater konnt,
konnte ich nur träumen.

Laufen lernte ich zwar auch.
Aber Schmidt lief schneller,
tobte durch das ganze Haus,
Treppe, Boden, Keller.

Sprang vom Küchenfenster aus
einfach in den Garten,
und dann sah ich ihn am Haus
schon auf Katzen warten.

Ich war Kindergartenkind,
er ein erwachsner Kater.
Ich spielt Vater-Mutter-Kind,
da war er schon Vater.

Als ich dann zur Schule kam,
war ich beinah sieben.
Schmidt war sechs, doch ist er jetzt
viel im Haus geblieben.

Wenn ich aus der Schule kam
kam er mir entgegen.
Doch dann lief er schnell zurück,
um sich hinzulegen.

Heute sitzt mein Kater Schmidt
wie der Rentner Sobe
meist am Fenster und schaut zu,
wenn ich draußen tobe.

Zehn bin ich, Herr Schmidt erst neun.
Trotzdem sagt mein Vater,
wenn ich mit Schmidt toben will:
Laß den alten Kater.

Opa kann man den Herrn Schmidt
aber noch nicht nennen.
Denn wenns was zu fressen gibt,
kann Herr Schmidt noch rennen.

ANNA IST doof
P.